ÉLOGE FUNÈBRE

DE

M. R. LAMBERT

Économe des Petits-Séminaires de Beaupréau et de Mongazon,
Directeur de Saint-Julien,
Aumônier de Bellefontaine, Chanoine d'Angers et Vicaire-Général
de Mgr l'Évêque de Saint-Denis (Ile de la Réunion)

PRONONCÉ DANS LA CHAPELLE DE MONGAZON

LE JEUDI 16 JANVIER 1879

PAR

M. l'abbé SUBILEAU

CHANOINE HONORAIRE,
SUPÉRIEUR DE MONGAZON ET DE LA CONGRÉGATION DE LA RETRAITE.

ANGERS
GERMAIN ET G. GRASSIN, RUE SAINT-LAUD
Imprimeurs de Monseigneur l'Évêque et du Clergé.

1879

ÉLOGE FUNÈBRE

DE

M. R. LAMBERT

Économe des Petits-Séminaires de Beaupréau et de Mongazon,
Directeur de Saint-Julien,
Aumônier de Bellefontaine, Chanoine d'Angers et Vicaire-Général
de Mgr l'Évêque de Saint-Denis (Ile de la Réunion)

PRONONCÉ DANS LA CHAPELLE DE MONGAZON

LE JEUDI 16 JANVIER 1879

PAR

M. l'abbé SUBILEAU

CHANOINE HONORAIRE,
SUPÉRIEUR DE MONGAZON ET DE LA CONGRÉGATION DE LA RETRAITE.

ANGERS
GERMAIN ET G. GRASSIN, RUE SAINT-LAUD
Imprimeurs de Monseigneur l'Évêque et du Clergé.

1879

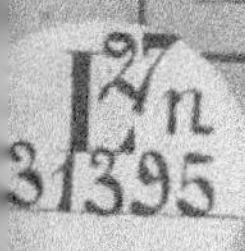

Erit in memoriam multi temporis qui crexit domos nostras.

Il vivra longtemps dans les souvenirs celui qui a bâti nos demeures.

(Eccli. 49 — 15.)

Messeigneurs (1),

Messieurs, mes chers enfants,

Cette Maison où des milliers d'enfants viennent, depuis près d'un demi-siècle, recevoir une éducation chrétienne, doit avant tout son existence au vénérable M. Mongazon. Il en est le vrai Fondateur. C'est son nom, bien plus que ses faibles ressources, qui l'a fait surgir de terre ; son nom auquel s'attachait la puissance la plus féconde, j'allais dire la plus créatrice : un amour tel qu'il ressemblait presque à un culte. Aussi le nom béni de *Mongazon* est-il devenu celui de la Maison elle-même : baptême glorieux pour elle, mais en même temps, pour la mémoire du saint prêtre, gage de durée ajouté à tant d'autres. Oui, il vivra à jamais dans les souvenirs le Fondateur de cette Maison : *Erit in memoriam multi temporis qui crexit domos nostras.*

A côté de M. Mongazon, vous en jugerez sans doute comme moi, il convient de placer d'abord Mgr Montault, lui qui décida le bon vieillard à rompre les liens presque invincibles qui l'attachaient au sol de la Vendée, le soutint de ses encouragements, et l'aida de ses secours. Enfants

(1) MMgrs Chesneau et Ménard, prélats de la Maison de Sa Sainteté, vicaires généraux.

de Mongazon, combien nous devons nous sentir heureux et fiers de voir planer sur les murs de cette Maison, ces deux figures vénérables entre toutes, entourées l'une et l'autre d'une double auréole, celle des vertus les plus aimables et celle des services les plus éminents !

D'autres, Messieurs, ont aidé à cette œuvre : de ceux-là quelques-uns sont ici : leur présence me gêne pour les louer. Mais le concours le plus précieux, le plus actif, a été celui du Prêtre sur qui la tombe vient de se fermer. Je ne fais, en ce moment, que traduire l'inscription gravée à quelques pas de cette chaire, au-dessous de l'admirable bas-relief dû au ciseau du grand artiste angevin. Auprès de Mgr Montault et de M. Mongazon, figure M. Lambert avec la mention de l'impulsion énergique qu'il donna aux travaux. *Rem totam perurgente* (1). Lui aussi il vivra non-seulement sur le marbre, mais surtout dans nos souvenirs reconnaissants. *Erit in memoriam multi temporis qui erexit domos nostras.*

Il était donc juste que cette chapelle bâtie par lui, comme toutes les autres parties de cette Maison, vît célébrer un service pour le repos de l'âme de M. Lambert. Mais le premier Pasteur a voulu que cette cérémonie prît de plus larges proportions, qu'elle fût comme l'expression de la reconnaissance du diocèse entier et que l'on y racontât toutes les œuvres nées de cette vie si longue et si laborieuse. Noble pensée à laquelle nous sommes heureux de nous associer. Seulement il appartenait de louer M. Lambert à ceux qui l'ont mieux connu ; aussi ai-je fait, mais en vain, tous mes efforts pour que cette tâche leur fût confiée. —

---

(1) Ce monument qui renferme le cœur de M. Mongazon est dû aux soins et à la générosité de ses élèves, surtout de M. de Civrac. C'est l'œuvre de notre célèbre David. Il fut inauguré le 19 novembre 1844. L'inscription est de M. Bernier, alors vicaire général, qui prononça le discours d'inauguration. — Sa *Notice* si remarquable, sur le collége de Beaupréau, nous a été très-utile pour une partie de notre travail.

Du moins, Mongazon ne sera pas resté muet devant la cendre d'un bienfaiteur insigne. Et pour moi, une fois de plus, j'aurai eu l'occasion de satisfaire un des sentiments les plus profonds de mon âme, une vénération affectueuse pour ces anciens du sanctuaire dont la génération, hélas! presque éteinte, nous a légué des exemples si fortifiants!

Il s'agit de payer un hommage de reconnaissance : j'essayerai donc de retracer les travaux et les services de la vie qui vient de se clore. — Il s'agit aussi, le caractère même de cette cérémonie sacrée l'exige, de nous instruire et de nous édifier : je m'efforcerai donc de mettre en lumière les qualités et les vertus qui ont été l'âme, le principe et les instruments de ces œuvres, en même temps qu'elles en ont fait le mérite. Tel est l'ordre de cet Eloge funèbre, consacré à la mémoire de M. René LAMBERT, Économe des Petits-Séminaires de Baupréau et de Mongazon, Directeur de Saint-Julien, Aumônier de Bellefontaine, Chanoine d'Angers, Vicaire général de Mgr Maupoint, à Saint-Denis (Ile de la Réunion).

I.

En voyant l'état présent du diocèse, tant d'œuvres florissantes, tant de belles églises, ces communautés si nombreuses, ces colléges si prospères, un clergé en mesure de répondre à tous les besoins du saint ministère et de l'éducation, la génération actuelle pourrait se faire illusion et croire que tout a grandi naturellement et sans coûter beaucoup de peines. Quelle erreur! Oui, la moisson est magnifique, mais le champ qu'elle couvre de ses richesses n'a pas toujours présenté le même aspect. Un orage sans précédent avait sévi pendant près de dix années sur la France et en particulier sur notre région. Quand Dieu daigna enfin enchainer cette tempête de feu et de sang, Jérémie, assis sur nos ruines, aurait pu répéter ses lamentations. Le sol était jonché de décombres. Il fallait le déblayer, le labourer profondément et en quelque sorte le renouveler. Cette tâche exigeait des ouvriers dévoués, ne ménageant ni leurs sueurs ni leurs sacrifices, d'autant que les bras manquaient, tant les avaient réduits la mort et l'exil, et qu'il n'en est pas des œuvres comme de ces autres moissons qui ne demandent que peu de mois pour lever et mûrir. Il faut le comprendre, Messieurs, afin d'élever notre reconnaissance à la hauteur des services rendus.

La Providence apaisée suscita des Esdras et des Néhémie. J'ai en vue surtout Mgr Montault et M. Mongazon, qui apparaissent au seuil de notre siècle comme les grands restaurateurs du diocèse. Heureux désormais ce diocèse, où vont se succéder des évêques dignes continuateurs, avec des talents divers, mais avec le même zèle, de leur saint devancier!

Mais quel que fût le dévouement de Mgr Montault et de M. Mongazon, ils avaient besoin d'auxiliaires. Dans l'ordre matériel surtout, la place de M. Lambert est marquée parmi les plus utiles et ce qui lui donne ici un titre particulier à la reconnaissance, c'est que ses travaux se rapportent surtout à l'éducation.

M. Lambert naquit à Angers, le 29 novembre 1797, sur la paroisse de la Trinité. Il fut remarqué puis encouragé et aidé dans sa vocation par son vénérable curé, M. Gruget, saint prêtre si zélé pour le recrutement du sacerdoce. C'est dans une modeste Ecole du quartier qu'il fit la plus grande partie de ses classes. Le maître qui la dirigeait était un homme à part : à lui seul il menait de front l'enseignement du français et du latin; pour y suffire, il vivait du matin au soir avec ses élèves et prenait même ses repas au milieu d'eux afin de ne pas interrompre ses leçons. Sans doute M. Lambert aura puisé auprès de lui comme auprès de M. Gruget, les germes de dévouement et d'abnégation qui devaient éclater dans sa vie ; conjecture bien plausible, quand on sait que les mêmes qualités distinguèrent plusieurs de ses condisciples (1).

Lui aussi fut contraint par les exigences impériales d'aller achever ses études au Lycée. Il y rencontra sur les bancs, outre MM. Lasne et Tendron, M. Régnier destiné à la pourpre romaine et qui l'a honoré jusqu'à la fin de son estime et de son amitié.

Bien jeune encore au sortir du Grand-Séminaire, il fut envoyé comme professeur à Beaupréau, en 1819. Ici, Messieurs, remarquons un trait où se révèle déjà la force de volonté que nous aurons à constater si souvent. Il sent que l'aplomb extérieur lui manque, qu'il se laisse trop facilement déconcerter, du moins en apparence. A tout prix, il entend corriger ce défaut et mettre sa contenance en équilibre avec son ferme caractère. Il quitte donc M. Mongazon et va passer, comme maître et élève à la fois, deux ans à Paris, dans une célèbre pension devenue depuis le collége Stanislas. Il retourne alors à Beaupréau : ce n'est plus le même homme ; viennent maintenant les difficultés, elles glisseront sans y faire la moindre brèche sur cette nature trempée comme l'acier.

Nous voici à l'époque où commence la longue chaîne des services qu'il rendra pendant tant d'années. Le collége dirigé par M. Mongazon était parvenu alors, à travers des embarras de toute sorte, à ce haut point de prospérité où il devait se maintenir jusqu'au jour où il tomba sous les coups d'un gouvernement ombrageux. M. Lambert cumule la gestion matérielle et le maintien de la discipline. Deux

---

(1) Entre autres, MM. Goy-Ménard et Guillaume, chanoines, M. Rocher, curé d'Epiré. — Cette Ecole, sise rue et local du *Saint-Esprit*, était tenue par un laïc, M. Chevalier.

fonctions importantes. La discipline, le matériel, ce n'est sans doute que l'organisme, si je puis ainsi dire ; mais quand cet organisme est en souffrance, tout ce qui est l'âme d'une maison d'éducation en reçoit un contre-coup funeste. Fonctions délicates aussi et difficiles. Comment est-ce que M. Lambert les remplit ? — Préfet de surveillance, il conquit rapidement et garda toujours sur les élèves un rare ascendant : sa présence suffisait, sans le cortége des punitions, pour imposer la régularité. — Econome, il y avait bien, faisant tache sur ses qualités, quelques ombres célèbres : on eût désiré plus d'ordre et surtout moins de parcimonie. Par suite, il eut à essuyer au dedans et au dehors les feux croisés de la critique. Mais, nous l'avons vu, il s'était aguerri. Imperturbable, il n'en continuait pas moins sa route. Il avait d'ailleurs la finesse qui se dérobe, l'habileté qui crée des expédients, la bonhomie qui désarme ; surtout il avait pour se couvrir son dévouement. — En présence d'un homme qui n'a en vue que le bien de l'œuvre, ne s'épargne en rien, se contente pour lui-même de tout ce qu'il y a de moindre, nul ne peut se défendre contre une secrète estime ; de cette abnégation on rapproche ses exigences personnelles, et, tout en souffrant des fautes ou même des torts, on tempère ses blâmes qui se changent en plaisanteries sans fiel. Tel était M. Lambert dans ses fonctions : c'est grâce à ces qualités — et même aussi aux ombres qui s'y mêlaient — qu'il dut une notoriété si grande et un nom populaire entre tous.

M. Mongazon sut l'apprécier ; aussi désormais l'aura-t-il toujours auprès de lui. Ce n'est que peu de temps avant sa mort que le saint vieillard consentira à une séparation qui d'ailleurs n'affaiblira en rien, de part et d'autre, les liens du cœur.

C'est la loi de ce triste monde, Messieurs, que tout ce qui prospère suscite de sourdes jalousies. Beaupréau l'éprouva. A l'instigation d'ennemis cachés, le gouvernement supprima le collége et en affecta le local à une autre destination. Coup terrible pour M. Mongazon, alors âgé de soixante-dix ans (1), pour ses collaborateurs, pour les élèves, pour le pays tout entier. M. Lambert, en vue de le détourner, court à Paris avec MM. Régnier et Gourdon. C'étaient la raison, l'habileté, l'éloquence en personne qui appuyaient une réclamation si légitime. Mais que pouvaient-elles contre la passion ? — M. Lambert revient à Beaupréau, auprès de M. Mongazon, s'efforce d'adoucir les amertumes qui noyaient le cœur du bon vieillard et lui épargne, en les assumant sur lui, les embarras nés de cette soudaine catastrophe. Bientôt il retourne à Paris dans le but d'obtenir une faible indemnité promise. De nouveau il se trouve en présence de la mauvaise volonté, qui lui oppose, pendant onze mois, tantôt les rebuts hautains et dédaigneux, tantôt les vétilles d'un formalisme sans fin. A la longue pourtant il faudra bien qu'elle cède, car elle a affaire à un homme qui, fort de son droit, ne sait pas céder !

Il convenait d'insister sur ce triomphe dû à la virilité du caractère ; car il eut pour résultat la fondation de cette Maison.

En effet, dès que Mgr Montault apprend que M. Mongazon va toucher cette indemnité il écrit au bon vieillard ; il le presse de l'employer à élever un nouveau collége. Le gouvernement, ajoute-t-il, s'oppose à ce que cette fondation ait lieu dans l'arrondissement de Beaupréau, mais il n'étend pas cette interdiction à la ville épiscopale ; il y acceptera une seconde Ecole ecclésiastique. Mgr Régnier, vicaire général, joint ses instances à celles de son évêque dans une lettre concise, mais où il fait ressortir, de main de maître, les avantages d'un collége établi au centre du diocèse.

---

(1) L'ordonnance de dissolution est du 8 septembre 1831. — M. Mongazon, né à Saumur, le 30 décembre 1761, est mort le 20 septembre 1839.

M. Derice (1), muni de ces deux lettres, est chargé d'obtenir le consentement de M. Mongazon, tâche infiniment difficile et délicate tant le bon vieillard était attaché par le fond de ses entrailles à cette terre de Beaupréau. Mais le négociateur était bien choisi. M. Mongazon se rend aux exhortations persuasives d'un fils bien-aimé, il se rend surtout aux désirs de son évêque qui sont à ses yeux le signe de la volonté divine : sa foi triomphe de ses répugnances.

On n'avait pas trop présumé de la présence de M. Mongazon à Angers ; de toutes parts les élèves affluent. Un mois ou deux après son arrivée, des cours sont ouverts à l'hôtel de la Barre, occupé maintenant par les dames Augustines et plus tard au Petit-Colombier, devenu le pensionnat Saint-Urbain (2).

A tous les points de vue il était urgent de bâtir le nouveau collége. M. Mongazon ne pouvait personnellement s'occuper d'une telle œuvre. Agé de soixante-douze ans, brisé par les épreuves de tout genre et d'incessantes fatigues, il n'était plus que l'ombre de lui-même. Ce soin échut à M. Lambert, alors dans la force de l'âge, et c'est ici qu'il va conquérir un de ses plus beaux titres à la reconnaissance.

Un terrain est acheté d'une de ces familles qui se prêtent avec tant de zèle aux œuvres où sont en cause les intérêts de la religion (3). M. Lambert aussitôt s'improvise architecte, aidé il est vrai par un collaborateur aussi habile que modeste (4), et de ce coup d'essai sort un plan qui,

---

(1) Professeur de philosophie à Beaupréau, aumônier puis supérieur de Mongazon où il a laissé un vif souvenir ; il appartient maintenant à la compagnie des P. Jésuites.

(2) Mgr Ménard fut placé à la tête des élèves du Petit-Colombier. — M. Mongazon, après avoir logé quelque temps à l'hôtel de la Barre, vint y demeurer dans une très modeste maison qu'on a eu le regret de démolir pour les agrandissements de *Saint-Urbain*. — M. Mongazon arriva à Angers en octobre 1833 ; les cours s'ouvrirent en novembre.

(3) De la famille de Villebois à laquelle appartient, outre M. le comte de Villebois, Mme la marquise douairière de Villoutreys.

(4) M. Guillaume, professeur de mathématiques.

pour les qualités essentielles, n'a peut-être pas été surpassé. Rien, ce semble, de mieux adapté aux besoins d'une maison d'éducation où il importe avant tout de faciliter la surveillance, de simplifier les mouvements et de ménager la libre circulation d'un air salubre qui est, selon le mot connu, une *nourriture de vie*, *aer pabulum vitæ*. — Concevoir un tel plan, Messieurs, est un mérite ; l'exécuter, dans les conditions où se trouvait M. Lambert était bien autrement méritoire. Enfant de la Providence, comme il aimait à le proclamer, M. Mongazon n'avait point fait d'épargnes même aux jours prospères. L'excédant de ses dépenses était employé au profit des étudiants ecclésiastiques ou laïques. Ajoutons que les fortunes répondaient mal à la charité des âmes les plus généreuses. C'est donc du sein même du dénuement qu'il fallait faire sortir les ressources. M. Lambert se multiplie ; il provoque des souscriptions (1) ; il intéresse au projet une personne dont la reconnaissance nous fait un devoir de proclamer le nom : Mlle de Sourdis lui vient en aide avec une libéralité admirable, inégale toutefois aux exigences d'une si coûteuse entreprise. — Et maintenant il faut se représenter M. Lambert à l'œuvre. Il est partout, poussant les travaux, surveillant les ouvriers, les stimulant de sa présence, jusque dans les endroits les plus périlleux, exposant même sa vie qui, une fois entre autres, ne fut sauvée que par un coup de providence, ne se donnant de repos ni le jour ni la nuit.

---

(1) Nous saisissons avec bonheur cette occasion pour donner la liste à peu près complète de ceux qui se firent les promoteurs de la souscription ouverte en mars 1831. Ce furent : MM. G. d'Andigné, Burolleau Auguste, A. de Caqueray, C. de Caqueray, Château, imprimeur, A. Chesneau-Morna, fils, Claveau de la Grassière, l'abbé A. Dénéchau, de Fontenay, de la Grandière, Auguste de Livonnière, l'abbé Maupoint, U. V. Mesnet, Mochet, curé de Notre-Dame, Moricet, à Paris, Auguste Myionnet, C. Myionnet, Paumard, notaire, Ch. Pasqueraye, Th. de Quatrebarbes, Raveneau, Tendron, A. Vallée, P. Vincent, aîné, curé de Saint-Jacques.

L'indemnité payée par le Gouvernement ne fut que de 113,000 francs. — Mlle de Sourdis aurait donné jusqu'à 80,000 francs.

— Elève ici même dans les années qui suivirent, j'ai gardé le souvenir de tout ce qui se racontait sur son activité, comme sur ses industries : on eût dit le récit embelli d'une légende. — Et, Messieurs, c'était pourtant la vérité. La preuve en est dans ce fait que dix-huit mois après le commencement des travaux, la Maison, bien incomplète sans doute, recevait les élèves. Qui ne voit combien, pour arriver si promptement à ce résultat, M. Lambert avait dû déployer de savoir-faire et d'activité ? — Tout n'était pas achevé, mais son énergique volonté était-là : le reste viendra bientôt et en particulier cette chapelle tant louée à l'époque et qui, en réalité, moyennant quelques travaux, pourrait encore justifier cette réputation (1).

Oui, Messieurs, il était juste que le nom de M. Lambert fût gravé sur le marbre avec l'éloge de son étonnante activité, *rem totam perurgente*, et il mérite de vivre longtemps dans les souvenirs de la reconnaissance, lui qui, au prix de tant de soins, a bâti cette demeure. *Erit in memoriam multi temporis qui erexit domos nostras.*

C'est peu de temps après l'achèvement des travaux que M. Lambert quitta le Petit-Séminaire. M. Mongazon qui allait s'affaiblissant chaque jour, venait d'appeler, pour le suppléer, un de ses fils les plus distingués, M. Bernier, alors curé de Saint-Pierre de Saumur. — M. Lambert se livrera-t-il au repos après une campagne si laborieuse ? Ni son dévouement ni son ardeur ne le lui permettent, et nous allons le voir sur un autre terrain déployer le même zèle couronné des mêmes succès.

Il fut appelé à diriger la Maîtrise de la Cathédrale, et c'est là que quelques années plus tard, vint le récompenser un canonicat en titre. Cette Maison constituée dès les pre-

---

(1) La construction de la Maison fut commencée le 1er mai 1831. Les élèves y entrèrent en octobre 1835. C'est le 7 août 1838 que se fit la bénédiction de la chapelle.

mières années du siècle, avait rendu de précieux services. M. Lambert la trouvant ébranlée la raffermit en attendant qu'il la transformât. Il eut l'heureuse fortune d'avoir pour auxiliaires des maîtres d'un dévouement à toute épreuve ; l'un d'eux, M. Vincelot, devait lui rester attaché jusqu'au bout et lui prêter beaucoup mieux que son titre universitaire, un concours infiniment précieux, grâce à ses aptitudes pour l'enseignement, aux sympathies que provoquait sa belle âme, à l'estime que lui attirait sa sainteté aimable. D'autres de ces maîtres assistent à cette cérémonie et je dois me borner à dire qu'ils ont justement conquis soit dans le saint ministère, soit à Saint-Julien, puis à Mongazon, ce que les anciens appelaient *le repos dans la dignité, otium cum dignitate.*

Outre les enfants qui aidaient au service divin à la cathédrale, la Maîtrise comptait un certain nombre de jeunes gens qui commençaient là leurs études et plus tard allaient sous la conduite de leurs maîtres, suivre les cours du Lycée. Pour les premiers, quand ils se destinaient à l'état ecclésiastique, ils achevaient leurs classes dans les petits séminaires diocésains. Longue serait la liste des prêtres et des laïques sortis de la Maîtrise — et cette remarque s'applique dans une plus large mesure à Saint-Julien — qui font honneur à leur éducation et occupent un rang distingué soit dans l'Eglise, soit dans la société civile, et qui voudrait la dresser n'aurait qu'à regarder ici même pour en trouver les meilleurs éléments.

Le local de la rue Saint-Evroult devenait trop exigu pour l'œuvre. C'est alors que M. Lambert acheta l'hôtel Saint-Julien et y transféra la Maîtrise. Opération hardie de la part d'un homme n'ayant que de faibles ressources ; il comptait sur la Providence, son espoir ne fut pas trompé. Les enfants vinrent en grand nombre puiser à Saint-Julien l'instruction primaire et les premiers éléments de l'instruction secondaire. — A cette époque d'ailleurs, malgré les promesses de la Charte, un décret fameux de la fin du premier Empire, fut appliqué avec rigueur, à Angers surtout (1) : pour avoir accès aux carrières libérales, il était obligatoire de suivre les cours supérieurs du Lycée. Exigence odieuse ! Elle enleva à cette maison et à d'autres de nombreux jeunes gens que leurs familles furent heureuses de confier, au moins pour l'éducation proprement dite, à M. Lambert. Il est permis, même dans la circonstance présente, de le rappeler : ces jeunes gens prouvèrent avec éclat que leurs études antérieures pouvaient soutenir sans désavantage toute comparaison.

Voyant le nombre croissant de ses élèves, M. Lambert n'hésita pas à entreprendre des constructions considérables ; il y mit la même activité intelligente que nous l'avons vu déployer à Mongazon. Ainsi s'est formé, au centre de la ville, un établissement d'une grande importance. — Plus tard, pour en assurer l'avenir, il essayera de le céder au diocèse, et quand les négociations entamées auront échoué, il le remettra à une congrégation de Frères qui par leurs aptitudes et leurs succès répondent pleinement à ses vues.

La création de Saint-Julien est assurément une des œuvres saillantes de M. Lambert et un des titres qui doivent assurer à sa mémoire une durable reconnaissance. A Saint-Julien comme à Mongazon l'on dira : il mérite de vivre dans nos souvenirs celui qui a bâti notre demeure : *Erit in memoriam multi temporis qui erexit domos nostras* (2).

Ni le soin de cette maison dont il garda l'administration pendant une vingtaine d'années, ni les tâches de surcroît inévitables dans ce genre de vie, ni les obligations du cano-

---

(1) Le Recteur d'Angers alla si loin qu'on dut le désavouer, à Paris.

(2) C'est en 1841 que M. Lambert acheta l'hôtel Saint-Julien et en 1861 qu'il le céda aux Frères de la Doctrine chrétienne de Nancy.

nicat n'épuisèrent l'activité de M. Lambert. — Les religieuses de Bellefontaine témoignent par leur présence à cette cérémonie, de leur reconnaissance pour le vénérable défunt. Il leur a rendu d'éminents services, avec quel dévouement et au prix de quelles fatigues ? Elles n'en parlent qu'avec une vivacité d'émotion qui fait le plus grand honneur et à leur bienfaiteur et à elles-mêmes. Sur la demande de Mgr Régnier, leur supérieur, il mit à leur disposition, à l'époque où elles bâtirent leur nouveau pensionnat, son entente des affaires, et il y a peu d'années encore il dirigeait la construction de la gracieuse chapelle qui s'élève au fond de leur bel enclos. Mais ce n'est là qu'une très-minime partie des soins qu'il leur consacra. Cette communauté, dans le principe, s'était établie sur l'autre rive de la Maine. M. Lambert, encore à Mongazon, n'hésitait pas à franchir cette longue distance pour entendre les confessions des religieuses. Plus tard la distance diminue mais non pas le zèle de M. Lambert ; il continue ces fonctions. Bien plus, mû par une pensée pleine de délicatesse, il obtiendra d'être le seul aumônier de la maison, tâche qu'il remplit pendant plus de dix ans et qui ajoutée à tant d'autres eût paru excessive à un dévouement ordinaire. C'est alors qu'on le voyait rentrer à Saint-Julien, la nuit déjà tombée, excédé de fatigue, et ne voulant pour réparer ses forces épuisées que la nourriture la plus chétive (1).

Conduite admirable, Messieurs, mais voici qui l'est à un bien plus haut degré ; ce qui, pour ma part, quand je l'ai connu en détail, m'a ému jusqu'au fond de l'âme. — M. Lambert était arrivé à l'âge de soixante-cinq ans. Un projet qui ne pouvait naître que dans le plus noble cœur est médité par lui et bientôt exécuté. Il va trouver

---

(1) Les Religieuses de Chavagnes, venues à Angers en 1831, s'établirent d'abord en Reculée. Elles n'occupent leur nouvelle résidence que depuis 1841.

Mgr l'évêque de la Réunion, pour le moment en Anjou. Il lui demande de l'accepter au nombre de ses prêtres, en déclarant qu'il ne veut aucun titre, que toute son ambition est de travailler inconnu, ignoré de tous. Et à quoi ? Il y a là des milliers d'hommes amenés pour les travaux de l'île, de pays idolâtres (1) ; ce qu'il sollicite c'est la faveur d'être leur catéchiste. Ah ! combien le grand cœur de l'évêque si bien fait pour comprendre le dévouement dut être touché et ravi ! A bras ouverts il accueille cet auxiliaire inattendu, tout en se réservant de ne pas se prêter aux effacements de sa modestie. Nommé malgré lui vicaire général, M. Lambert brise tant de liens qui l'attachaient à l'Anjou et renonce à une position enviée ; à son âge il traverse les mers pour aller enseigner le catéchisme à de pauvres nègres. Ah ! ici, est-il besoin de nos faibles éloges ? Tout homme qui a du cœur, sans y être excité, de lui-même, jette ce cri : Voilà de l'héroïsme !

Et ce que M. Lambert s'était promis de faire il l'accomplit. On a dit qu'il construisit des écoles, bâtit des églises, je le crois volontiers. Ce qui est certain c'est que, obligé par sa charge, à s'occuper d'administration, il y porta une prudence consommée, c'est surtout qu'il déploya, j'y reviendrai bientôt, le zèle d'un missionnaire. Terminer là ses jours, et, en vaillant soldat de Jésus-Christ, mourir sur la brèche, tel était son plus vif désir. Dieu en disposa autrement. Revenu en France à la suite du Concile, il y fut retenu d'abord par ces maladies fréquentes qu'il domptait à force non pas de soins, mais d'énergie, puis par la mort prématurée de Mgr Maupoint, tombé victime de son zèle (2).

Du moins M. Lambert va se dire que l'heure du repos a sonné. N'a-t-il pas assez travaillé et puis n'aborde-t-il pas

---

(1) On en porte le nombre à soixante-quinze mille, venant de l'Afrique, de l'Inde et de la Chine.

(2) Le 10 juillet 1871.

aux limites extrêmes de la vie ? Il n'en est rien. A l'époque de nos désastres, il s'occupe des ambulances avec une activité qui étonne chez un vieillard. Bien plus : lui, autrefois chanoine titulaire, naguère encore vicaire général, il sollicite les fonctions de desservant dans l'une des plus humbles succursales du diocèse, perdue dans les bois et n'ayant à lui offrir qu'un presbytère presque inhabitable. Là, en même temps qu'il travaille avec ardeur à sauver les âmes, il dépense ses modestes ressources pour améliorer le sort de ses paroissiens et celui de ses successeurs, pour donner, sinon de la pompe, du moins de la décence au culte divin.

Si vaillante que soit une âme, arrive pourtant un jour où tout en restant *maîtresse du corps qu'elle anime*, elle ne trouve plus en lui un auxiliaire assez fort pour les fatigues du saint ministère. M. Lambert, âgé de quatre-vingts ans, résigne des fonctions qu'il est impuissant à remplir. Son cœur le pousse alors vers Beaupréau où se sont écoulées les premières années de sa vie active. Il va dans une communauté fervente, auprès d'un vieil ami d'une régularité exemplaire (1), se préparer à mourir. Là encore il projetait quelques travaux lorsque le divin Maître, content de ses fatigues sans nombre, lui donna le signal du repos. Et lui, selon la belle parole des Saints Livres, comme un moissonneur *qui met à l'abri un riche amas de froment, il entra dans son sépulcre avec l'abondance de ses œuvres. Ingredieris in abundantiâ sepulcrum sicut infertur acervus tritici* (2).

Voilà, Messieurs, dans un tableau bien imparfait, les travaux de M. Lambert. Outre la récompense plus haute qui faisait l'objet de ses désirs, il en est une à laquelle il a

(1) M. Belliard, ancien professeur de philosophie à Mongazon, ancien curé d'Echemiré et de Montfaucon.
(2) Job. — V. 26.

droit, ainsi qu'en a jugé notre Évêque, digne appréciateur des vies actives. Sur cette tombe encore fraîche déposons le tribut de la reconnaissance. Enfants de Beaupréau, louez celui qui fut dans vos murs l'auxiliaire du saint vieillard que vous avez tant aimé. Enfants de Mongazon et de Saint-Julien, louons-le en répétant les paroles sacrées : *Il vivra longtemps dans nos souvenirs celui qui a bâti nos demeures.* Religieuses et enfants de Bellefontaine, et vous humbles habitants de Milly, et vous île lointaine, pauvres travailleurs *assis dans les ombres de la mort*, à qui il a porté la lumière de vie ; vous qui avez à cœur le bien du diocèse, vous enfin qui voyez dans l'éducation chrétienne le salut du pays, joignez-vous à ce concert de louanges. Ce n'est pas trop du concours de tous pour honorer la mémoire d'un homme qui a rendu tant de précieux services et en même temps offert à notre imitation tant de grandes qualités.

II.

La vie extérieure et les œuvres qui la remplissent ne sont qu'un rayonnement dont l'âme est le foyer. Selon la parole de l'Evangile, le mal sort du dedans, *de corde exeunt;* nous pouvons ajouter, le bien aussi. Quand donc on se trouve en présence d'une existence comme celle que nous avons racontée, il convient de s'arrêter, de se dire qu'on a devant soi un homme dans la haute et noble acception de ce mot, qu'il y a un grand intérêt à pénétrer dans le sanctuaire de son âme, à l'étudier. Et ici l'intérêt se double : on n'a pas affaire seulement à un homme, il y a de plus un prêtre. Aux richesses de la nature s'ajoutent les richesses supérieures de la grâce : c'est tout un trésor qui renferme en abondance instruction et édification.

La vie de M. Lambert nous révèle d'abord chez lui, et avec quel éclat! une âme singulièrement active. On dirait que l'Esprit-Saint, penché sur son berceau, lui a soufflé à l'oreille cet avis des Livres Sacrés : *Tout ce que ta main peut faire, fais-le promptement, Quodcumque facere potest manus tua, instanter operare* (1). De bonne heure il s'élance dans la carrière de l'action et il y courra jusqu'au terme de sa longue vie sans se laisser attarder ni par les fréquentes maladies, ni par les glaces de la vieillesse : l'action est son élément; ses travaux s'enchainent sans laisser de vide entre eux. Que dis-je? Il en mène de front plusieurs et de plus d'une sorte : aussi sa vie ressemble à un vaste champ où s'étalent côte à côte des productions variées. Sans doute on a surfait l'activité quand on a dit qu'elle est le génie. Non, on la rencontre fréquemment sans cet ensemble de qualités supérieures qui constitue le génie. Ce qui est vrai c'est que le génie ne va pas sans l'activité et voilà pourquoi il jette à pleines mains les œuvres autour de lui. Ce qui est vrai encore c'est que l'activité dénote une âme vigoureuse et de plus qu'elle est la condition nécessaire pour rendre une vie utile. C'est par ce côté que je l'envisage en ce moment, à l'honneur de M. Lambert et pour notre propre instruction. Je m'adresse à vous, chers élèves. On vous répète sans cesse qu'il y a un devoir impérieux pour tous et pour chacun, au lieu de s'enfermer dans une molle paresse et un lâche égoïsme, d'être utiles à la société et à l'Eglise, et de s'y préparer pendant les jours du collége. A côté des préceptes voici l'exemple. M. Lambert a rendu les plus grands services. Comment? En déployant une admirable activité. Voici de plus la récompense; tandis que Dieu le couronne, nous aimons à le croire, les hommes admirent sa vie et honorent sa mort.

L'activité suppose une autre qualité d'une grande valeur,

(1) Eccli. — IX-10.

la force de volonté qui la met en branle, la soutient, la pousse en avant vers le but marqué. La volonté est d'un tel prix que, selon saint Augustin, c'est elle qui fait les hommes, *homines sunt voluntates;* ce qui revient à dire que les hommes méritent ce nom dans la mesure même où ils font preuve de volonté. Or, rarement on la rencontre à un plus haut degré que chez M. Lambert. On l'a même blâmé parfois de ne pas assez écouter la prudence et de marcher à ses fins sans tenir assez compte des obstacles. C'est par elle que nous l'avons vu se corriger de ses défauts, lasser à Paris des dispositions hostiles; c'est par elle que, dénué de ressources, ou n'ayant sous la main que des moyens insuffisants, il est parvenu à créer des œuvres considérables.

Bien plus haut que l'activité et la volonté s'élève le dévouement. Le dévouement! Le genre humain le salue de ses plus vifs applaudissements et lui décerne ses plus enthousiastes éloges. Et il a raison, parce que rien ne répand sur lui plus d'honneur avec plus de bienfaits, rien ne s'inspire à des sources plus pures et ne reflète mieux la ressemblance divine.

Chez M. Lambert le dévouement apparaît sous toutes les formes. — L'oubli de soi au profit des autres. Il ne savait ce que c'est que rechercher ses aises; d'une simplicité extrême dans ses vêtements, d'une frugalité proverbiale, dur envers son corps et trouvant tout naturel de s'imposer des privations pénibles pour alléger les souffrances d'autrui. Un jour, un élève de Saint-Julien tombe gravement malade. M. Lambert le fait transporter dans sa chambre, lui cède son lit et ne se réserve à côté qu'une couche misérable et si étrange que je n'ose la décrire. Un homme d'humeur caustique et peu sympathique à M. Lambert pénètre dans cette chambre pour y visiter le malade; tant de bonté avec tant de pauvreté lui arrache un cri d'admiration. — La fidélité dans les affections. Bien différent de ces amis superficiels si prompts aux désertions, les jours mauvais, les défauts même au lieu de l'éloigner de ceux qu'il aimait les en rapprochait. Qui avait mérité son amitié ou obtenu sa bienveillance pouvait compter qu'il en jouirait toujours. Touchant détail et surprenant pour ceux qui ne savent pas que ces natures cachent souvent des trésors de sensibilité. Après la mort de Mgr Maupoint, on le voyait revenir fréquemment vers le lieu natal de son ancien évêque, sur cette rive, où, sans parler du digne frère de son noble ami, tout lui rappelait une mémoire si chère. On sait qu'il accepta avec une grande joie la paroisse de Milly ; c'est que Milly est voisin de Trèves. — Enfin la générosité. Messieurs, on a blâmé, nous l'avons dit, son économie portée à l'excès. Soit. Mais y a-t-on réfléchi ? Il la pratiquait ainsi surtout quand il s'agissait des intérêts d'autrui ; — il la pratiquait encore parce que s'élevant au-dessus des besoins, il jugeait trop des autres d'après lui-même. Mais vint une occasion de faire une bonne œuvre à l'aide de ses propres deniers, alors de parcimonieux il devenait large, et, pour parler comme un de ses amis, prodigue. Combien de jeunes gens dépourvus de fortune lui ont dû le bienfait de leur éducation et par suite ou leur rang honorable dans la société ou le bonheur d'être prêtres ! Il en est ici même qui dans le sentiment profond de leur reconnaissance publient bien haut la dette sacrée qu'ils ont contractée envers lui. Combien de familles il a secourues avec autant de discrétion que de persévérance ! Si le voile qui couvre la plus grande partie de ses générosités venait à se déchirer, nous verrions que ses bienfaits se sont épanchés dans tous les rangs de la société, depuis les plus humbles ouvriers jusqu'aux communautés religieuses, jusqu'aux riches eux-mêmes dont la fortune subissait une crise qui pouvait amener une catastrophe. — Ainsi s'explique la gêne dont il eut parfois à souffrir, malgré des ressources bien plus que suffisantes pour lui-même. Un jour, un de ses amis le presse vivement de prendre un parti que conseillait en effet la prudence. M. Lambert déclare qu'il en est empêché, du moins pour un temps ; il avoue qu'il a contracté des engagements charitables qui le laissent dans le dernier dénuement.

Voilà l'homme, Messieurs, voici le prêtre.

Toutes les qualités que je viens d'énumérer — activité, force de volonté, dévouement — on peut les rencontrer et on les trouve en effet chez des hommes étrangers à la religion. Déplorable aveuglement ! Oui, en plein règne de Jésus-Christ, et dans l'éclatante lumière de l'Evangile, il y a des hommes qui ne songent pas à sanctifier ces vertus naturelles, à les pratiquer en vue de Dieu et à les rendre méritoires devant lui. Quel sera leur salaire ? Une passagère satisfaction, le bruit de quelques louanges autour de leur nom et de leur tombeau. Et c'est tout ce qu'ils ont à espérer. *Ils reçoivent ici-bas leur récompense* (1), dit l'Evangile, et saint Augustin ajoute : *récompense vaine comme les motifs dont ils se sont inspirés. Receperunt mercedem suam vani vanam.* (2) Que dis-je ? Au jour de son redoutable jugement, irrité du coupable détournement qu'ils ont commis en faisant servir les talents qu'il leur avait confiés à de stériles satisfactions, et non à sa gloire, Dieu les châtie ; *loués où ils ne sont plus, tourmentés où ils demeureront éternellement : laudantur ubi non sunt, cruciantur ubi sunt.* Et ils auraient pu non-seulement échapper à ces terribles coups, mais encore ajouter à la récompense telle quelle que donne le monde un bonheur infini et éternel ! — C'est ici, Messieurs, mes chers enfants, que M. Lambert nous donne la plus fructueuse leçon. En vrai prêtre (et le vrai chrétien n'agit pas autrement) il s'est guidé par

(1) Matth., 6-2.
(2) In psalm., 118.

de tout autres vues : la foi, l'esprit qu'elle inspire, voilà ce qui a été, dans une mesure peu commune, le principe et l'âme de ses actions. Tous ceux qui l'ont approché en ont été vivement frappés. — J'ai dit que sa forte volonté donnait le branle à sa vie, le poussait sans relâche au travail. Sans doute ; mais sa volonté elle-même quel en était le moteur ? qu'est-ce qui marquait son but à cette force qui de soi est aveugle ? — L'esprit de foi. C'est la foi qui lui criait : En avant, point de repos ici-bas. Il faut sans cesse glorifier Dieu, sauver les âmes par l'emploi de tes aptitudes et de cette énergie qu'il a déposée en toi. — On s'explique d'ailleurs cet esprit de foi chez un prêtre qui avait vécu de longues années auprès d'hommes tels que MM. Gruget et Mongazon, purifiés au creuset de la persécution et témoins de tant d'héroïsmes chrétiens.

Cet esprit de foi répandu dans toute la vie de M. Lambert a eu surtout deux manifestations principales.

Le zèle d'abord. — La vie de M. Lambert nous apparaît trop par le dehors ; les œuvres matérielles nous cachent ce qu'il a fait en vue des âmes. Ne nous y trompons pas ; il y a plus d'une manière de travailler pour ces chères âmes rachetées du sang de Jésus-Christ. Bâtir des maisons d'éducation chrétienne, pourvoir au matériel d'un collége, y maintenir la discipline, n'est-ce pas contribuer au bien de l'éducation elle-même, cet intérêt majeur de la société civile et de la sainte Eglise ? Est-ce que les pierres cachées dans les fondations sont inutiles et ne portent pas tout l'édifice ? D'ailleurs, Messieurs, l'homme de valeur, le saint prêtre se révèlent toujours, j'allais dire à leur insu. Il s'échappe d'eux une vertu secrète et comme des germes qui ne sont jamais perdus. Hélas ! pourquoi faut-il qu'il en soit de même en sens contraire et que les mauvais jettent aussi dans leur milieu des semences d'une triste et plus abondante fécondité ?

Est-ce à dire que M. Lambert n'a pas directement travaillé au salut des âmes? Mais ne l'ai-je pas montré courant de Mongazon à l'autre extrémité de la ville et plus tard de Saint-Julien à Bellefontaine pour recevoir les confessions des religieuses? Ne l'avons-nous pas vu, pendant plus de dix ans, remplissant toutes les fonctions d'aumônier dans cette même communauté, excerçant ce ministère en bravant toutes les fatigues et je pourrais ajouter, avec un désintéressement que l'on ne soupçonne pas?

Mais voici où son zèle se montre dans tout son éclat. Il s'agit, vous le comprenez, de son départ pour l'île Bourbon. J'ai essayé de faire ressortir ce qu'il y avait de courageux dévouement dans une résolution pareille prise à son âge. Voyons en ce moment le motif qui l'inspirait. C'est ici, Messieurs, que vous apprendrez les détails qui m'ont ému jusqu'aux larmes quand ils m'ont été révélés, et cette révélation je la dois à une lettre éloquente écrite par un homme parfaitement en mesure de connaître la vérité (1).

C'est à lui-même que M. Lambert tint ce langage : « Je suis heureux de vous rencontrer pour vous faire part » d'un projet que je voudrais exécuter le plus tôt possible. » Je désirerais savoir si l'évêque de Bourbon voudrait bien » me permettre, en me donnant le traitement le plus » modeste, d'aller passer dans son diocèse les dernières » années de ma vie. Je n'ai désormais que de faibles ser- » vices à rendre au diocèse d'Angers, tandis que dans l'île » je pourrais catéchiser les *noirs*. C'est à eux surtout que » je voudrais me consacrer. J'ai soixante-cinq ans et je me » sens encore assez de forces pour quelque travail. Sans » doute, dans le cours de ma carrière sacerdotale, je me » suis rendu le plus utile possible, mais il me semble que » je ne me suis pas assez occupé du soin des âmes. Eh ! » bien, si votre frère veut bien me le permettre, j'irai

(1) M. le docteur Maupoint, frère de Mgr l'Evêque de Saint-Denis.

» combler cette lacune dans son intéressant diocèse. Je » désirerais surtout n'être revêtu d'aucun titre et utiliser » pour mon salut les années qui me restent. En quittant » mon diocèse et mes amis, je sais bien que je ne dois » plus les revoir, mais en me dégageant des intérêts maté- » riels, je me rapprocherai du ciel. » — Je le demande : est-ce là le langage d'un homme de foi, d'humilité et de zèle? Ah! M. Lambert a fait lui-même en ces quelques mots, son plus bel éloge! — Et vous, enfants du Petit-Séminaire, aspirants au sacerdoce, instruisez-vous : vous venez d'entendre les sentiments du vrai prêtre!

Et la conduite de M. Lambert répondit pleinement à ses paroles. Son œuvre de prédilection fut de catéchiser les pauvres idolâtres. On le voyait, ce vieillard, monter à cheval, courir jusque sur les points les plus inaccessibles de l'île, afin de suppléer les prêtres malades, et y remplir sans jamais compter avec les difficultés, les fonctions les plus pénibles du saint ministère. Ah! il faut le dire encore une fois : c'est là de l'héroïsme!

Après cela, Messieurs, si, à Milly, M. Lambert mit un grand zèle à sauver les âmes, il n'y a pas lieu d'y insister; rien de plus facile à croire de la part du prêtre que nous venons de voir à l'œuvre.

L'esprit de foi se manifestait aussi chez M. Lambert par la piété. Elle revêtait en lui un caractère de simplicité antique. Ceux mêmes qui n'ont pas beaucoup vécu avec lui ont pu le remarquer. Pour moi, je le vois encore à la cathédrale, en ces moments où la plupart suspendaient leurs prières pour jouir des pompes sacrées, égrenant entre ses doigts son long rosaire et récitant les pieuses formules avec un recueillement que rien ne pouvait distraire. Ce même recueillement il le portait surtout au saint autel, jusqu'à étonner chez un prêtre jeté à ce point dans le tourbillon des affaires. A Saint-Martin de Beaupréau, parmi ces humbles et édifiantes religieuses de Saint-Joseph, ses journées se passaient à prier. Rendu à la chapelle longtemps avant l'heure des offices, s'y tenant à genoux, malgré ses quatre-vingts ans, il s'entretenait avec le divin Maître, vivant sous les voiles eucharistiques, ou bien il prenait son rosaire et récitait sans fin cet *Ave Maria* si consolant pour un vieillard penché sur la tombe, parce qu'il lui assure, en quelque sorte, le sourire et les secours d'une Mère aussi puissante que miséricordieuse, parmi les ombres et les luttes du trépas qui approche. — On l'a su par quelques paroles recueillies sur ses lèvres, il s'effrayait des responsabilités de sa longue carrière. Sans doute, en réparation, il offrait le sacrifice de sa vie. Aussi avec quelle promptitude et quelle piété il accomplit ce sacrifice si coûteux même aux vieillards! Une première fois on l'avertit que sa fin paraît prochaine; il s'empresse de recevoir les derniers sacrements. Avant de communier, il émeut l'assistance en récitant d'une voix forte, malgré la souffrance, le *Credo* tout entier et en demandant humblement pardon à tous ceux qu'il aurait pu blesser ou contrister. Puis, comme la mort tarde à venir, il quitte brusquement sa couche et l'ardent travailleur reparaît jusque dans un corps défait et chancelant. Quelque temps après, le 29 novembre, cette vie chargée de services et de mérites s'éteignait dans une mort embaumée d'édification.

La piété même du vénérable défunt, ses craintes en vue du compte qu'il avait à rendre, enfin la reconnaissance nous demandent de continuer nos prières pour abréger, s'il en est besoin, le temps de l'expiation.

Si ma plume n'a point trahi ma pensée, si j'ai tracé de M. Lambert un portrait fidèle, on doit se dire : cet homme que l'on voyait, mis si simplement, marcher d'un pas rapide, les bras dans une attitude qui décelait, ce semble, l'habitude et le besoin d'agir, l'air sérieux et pensif, la tête baissée vers la terre parce qu'elle méditait sans doute un nouveau projet à exécuter ou un nouveau service à rendre; qui, lorsque vous lui parliez, paraissait d'abord, grâce à une formule aussi invariable que polie, être de votre avis, bien qu'il eût le sien très-personnel et très-arrêté; cet homme avait, au moral, une physionomie à part, un caractère propre et original; il dépassait la taille commune: pétri d'activité, de sang-froid et d'énergie; alliant à la dureté pour lui-même une charité infiniment dévouée et serviable qui lui a valu de chaudes affections et de durables attachements. Et ces qualités étaient en lui élevées à la hauteur des vertus chrétiennes et sacerdotales par un grand esprit de foi, une piété antique, un zèle ardent et généreux jusqu'à l'héroïsme. Il mérite de vivre dans les souvenirs non pas seulement comme un bienfaiteur du diocèse, mais aussi comme un modèle pour le chrétien et pour le prêtre.

Et maintenant, Messieurs, je ne puis me défendre d'une réflexion douloureuse. Combien ont disparu dans les dernières années, de ces prêtres qui marchaient à notre tête, et, avec tant d'autorité, nous montraient la voie à suivre! Et ils nous ont quittés à une époque assez menacée pour croire que leurs exemples et leur expérience nous eussent plus que jamais été utiles. O vous prêtres vénérés, qui vous êtes couchés dans vos sépulcres rendus *glorieux* par tant de pieux hommages, que vos ossements ne meurent pas tout entiers! Selon la parole des Saints Livres, *qu'ils pullulent, prophetarum ossa pullulent de loco suo* (1). Semblables à ces grands arbres rasés jusqu'au sol par la cognée du bûcheron et dont les restes mutilés poussent des rejetons vigoureux. *Vous avez fortifié Jacob et opéré votre salut par une foi généreuse, corroboraverunt Jacob et redemerunt se in fide virtutis* (2). Puissions-nous être nous-mêmes de

(1) Eccli. 45 12.
(2) Ibid.

votre race ! — Cela dépend de nous, Messieurs. Dans leur poussière même il y a une sève féconde. Allons l'y puiser, c'est-à-dire inspirons-nous de leurs exemples et marchons sur leurs traces. Rien n'est meilleur. M. Lambert a dû beaucoup à M. Mongazon et à M. Gruget, pour avoir eu la sagesse de les imiter. Faisons comme lui, et nous mériterons aussi que l'on dise de nous : Leur vie a été utile à leurs frères par les services qu'ils ont rendus et par les exemples qu'ils ont donnés, *corroboraverunt Jacob*, et leur foi courageuse les a rachetés et sauvés, *redemerunt se in fide virtutis.*

Ainsi-soit-il

Angers, imp. Germain et G. Grassin, rue Saint-Laud. — 76-73.

www.ingramcontent.com/pod-product-compliance
Ingram Content Group UK Ltd.
Pitfield, Milton Keynes, MK11 3LW, UK
UKHW020525180726
13839UKWH00005B/2321